やさしいチョコレートのお菓子

すべての手順が写真でわかる10枚レシピ

飯塚有紀子

優しくて、易しい チョコレートのお菓子

チョコレートといえばバレンタイン。

「はじめてつくったお菓子はバレンタインデーに贈ったチョコレートだった」という方も多いかもしれません。

大切な人に贈ることを考えながらお菓子をつくる時間は、とても楽しくて優しい気持ちになります。

もちろん出来上がったお菓子は美味しく食べてもらいたい。

でも実は、チョコレートはちょっと気むずかしい素材です。

湯せんして溶かそうとしたら分離して油が浮いてきたり、

型に流して固めたら表面がまだらになってしまったり……。

「思い描いていたお菓子がまったく違うものになってしまった！」という方も少なくないでしょう。

本書では、家庭でも簡単にできるチョコレート菓子のレシピを紹介するとともに、

チョコレートの使い方や、失敗しないお菓子づくりのポイントを掲載しました。

お菓子をつくる人も贈られた人も、食べたら思わず頬がゆるむ、そんな笑顔の輪が広がりますように。

sommeire [目次]

Chocolate
チョコレート

12 Cereal chocolate crunch
シリアルチョコレートクランチ

14 Ganache
生チョコレート

16 Mendiant
マンディアン

18 Rumball
ラムボール

22 Truffle au thé
紅茶のトリュフ

26 Salame di cioccolato
サラミチョコレート

Gâteau
チョコレートの焼き菓子

32 American Cookies
Double chocolate chip cookies
ダブルチョコレートチップクッキー

36 American Cookies
Marshmallow white chocolate cookies
マシュマロホワイトチョコレートクッキー

40 Woopie pie
ウービーパイ

44 Chocolate hazelnut biscotti
チョコレートヘーゼルナッツビスコッティ

48 Almond chocolate sablé
アーモンドチョコレートサブレ

52 Chocolate brownie
チョコレート ブラウニー

56 White chocolate brownie
ホワイトチョコレート ブラウニー

60 Chocolate cup cake
チョコレートカップケーキ

64 Madeleines au chocolat
マドレーヌ オ ショコラ

68 Finacier au chocolat
フィナンシェ オ ショコラ

72 Caramel chocolat cake
キャラメルショコラケーキ

76 Chocolate banana muffin
チョコレートバナナマフィン

 Gâteau frais
チョコレートの冷たいお菓子

82 Chocolate mousse
   チョコレートムース

84 Pots de crème au Chocolat
   ポドクレーム オ ショコラ

86 White chocolate mousse
   ホワイトチョコレートムース

90 Chocolate pudding
   チョコレートプリン

94 White chocolate cheesecake
   ホワイトチョコレートチーズケーキ

 Cake
チョコレートのケーキ

100 Fondant au chocolat
    フォンダン オ ショコラ

104 Gâteau au chocolat
    ガトー オ ショコラ

108 Pain d'épices au chocolat
    パンデピス オ ショコラ

112 Kouglof au chocolat
    クグロフ オ ショコラ

116 Kirsch schnitten
    キルシュ シュニッテン

122 Decorated cake
    デコレーションケーキ

 Column
コラム

06 about CHOCOLATE
   チョコレートについて

126 Wrapping
    ラッピングについて

about CHOCOLATE

お菓子をつくるとき、どのチョコレートを選んだら良いのか迷ってしまうことも多いと思います。
そもそもクーベルチュールって何？
カカオ分50％って？
チョコレートには特別な用語がたくさん。
素材のことをよく知ることで、お菓子づくりがもっと楽しくなります。ここでは、家庭でお菓子をつくるときに知っておきたいチョコレートの知識を紹介します。

本書では、小粒タブレットタイプのCallebau（カレボー）セミスイートとミルクチョコレートを使用しています。コーティング用チョコレートにはCallebau（カレボー）セミスイートにPECQ（ペック）パータグラッセを合わせています。

Chocolate making process ｛チョコレートができるまで｝

1 CACAO BEANS 原料

チョコレートの原料となるカカオ豆は、カカオの樹に実るラグビーボールのような形をした実（カカオポッド）から採れます。厚くて堅い果皮の中にある白い果肉に包まれた20～40粒ほどの茶褐色の種子がカカオ豆です。果肉を取り除いた後、1週間ほどかけて発酵・乾燥させてから出荷されます。

2 ROASTING 焙煎

各産地からカカオ豆を輸入したチョコレート会社は、さまざまな工程を経て個性的なチョコレートをつくります。まずはカカオ豆を120～140℃くらいの温度で焙煎（ロースト）します。同じ豆でも焙煎する温度と時間によって香りと風味が変わります。

3 GRINDING 磨砕

焙煎したカカオ豆を粗く砕いて外皮と胚芽を取り除き（＝カカオニブ）、さらにペースト状になるようにすりつぶします。風味や色を考えて、複数の品種の豆をブレンドすることもあります。こうしてできたものが"カカオマス"です。さらにカカオマスを圧搾・搾油して、カカオバターとココアパウダーを製造します。

4 MELANGE 混合

カカオマスに砂糖、粉乳、カカオバターなどを加えて混ぜ合わせます。この配合でスイートチョコレート、ミルクチョコレート、ホワイトチョコレートの分類が決まります。

5 CONCHING コンチング

混合した材料をローラーにかけて微粒子になるまですりつぶします。さらにコンチェという撹拌機械で長時間かけてよく練り上げることで、チョコレート独特の風味や、滑らかさが生まれます。

6 TEMPERING テンパリング

風味や口溶けをさらに良くするためにテンパリングをします。テンパリングはチョコレートに含まれるカカオバターの結晶を温度調節により安定させる作業です（→P9）。テンパリングしたチョコレートを型に入れて冷却し、包装します。

Selection of chocolate {チョコレートを選ぶ}

COUVERTURE?

クーヴェルチュールチョコレートと
板チョコのどちらでつくる?

クーベルチュールチョコレートは製菓用チョコレートのことです。市販の板チョコよりもカカオバターの含有量が多く、風味や口溶けが良いのが特徴です。また『総カカオ分が35％以上あり、そのうちカカオバター分を31％以上含むもの』と国際規格で決められています。
一方、市販の板チョコはカカオバター以外の油脂を添加するなど、さまざまな配合がされているので、カカオ本来の味を楽しむにはクーベルチュールチョコレートが良いでしょう。
しかし、市販の板チョコでもお菓子づくりはできます。本書で「チョコレート」と表記してあるものはクーベルチュールチョコレート、板チョコのどちらでも大丈夫です。まずは手に入りやすい材料でトライしてみてください。

CACAO COMPONENT?

どのくらいのカカオ分のチョコレートを使う?

チョコレートはカカオマス、砂糖、カカオバター乳成分などを混ぜ合わせてつくられます。チョコレートのパッケージに書いてある「カカオ分」とは、そのチョコレートのうちにカカオ豆由来の成分（カカオマスとカカオバター）がどれだけ入っているかということを表しています。

スイートチョコレート（カカオ分99〜50％前後）

カカオ豆の風味を感じるチョコレート。カカオ分が高くなるほど糖分が少なくなるため、よりビターになる。

ミルクチョコレート（カカオ分50〜35％前後）

カカオマス、カカオバター、砂糖に粉乳（ミルク）を加えてつくるチョコレート。キャラメルのような風味を感じられるものも多い。

ホワイトチョコレート（カカオ分30％前後）

カカオバターに砂糖と粉乳（ミルク）を加えてつくる白いチョコレート。ミルクの風味が豊か。

CHOCOLATE BRAND?

どのチョコレートブランドを選ぶ?

最近は日本でもさまざまなブランドのチョコレートが買えるようになりました。各ブランドの特長を知るとチョコレート選びが楽しくなります。代表的なブランドをご紹介しましょう。

VALONA ヴァローナ（フランス）
世界のトップパティシエから支持される高級チョコレートブランド。華やかな味わいが特長。

Callebout カレボー（ベルギー）
ベルギーチョコレートの代名詞ともいえる安定した味わい。作業性の良い小さなタブレット状。

CACAO BARRY カカオバリー（フランス）
ヨーロッパ最大のチョコレートブランド。多彩なラインナップとコストパフォーマンスに優れている。

OPERA オペラ（フランス）
世界初のシングルビーンズ製法を実現。カカオの風味を最大限に引き出した薫り高さが特長。

PECQ ペック（フランス）
産地にこだわり厳選したカカオ豆を使用。コーティングチョコレートの風味や口溶けが良い。

Coating chocolate ｛コーティング用チョコレート｝

市販のコーティングチョコレートにクーベルチュールチョコレートや板チョコを合わせて、テンパリング不要の美味しいコーティング用チョコレートをつくりましょう。

クーベルチュールチョコレートや市販の板チョコはそのままでも使えますが、使用前にテンパリング（下記参照）すると艶やかで口溶けの良いチョコレートになります。しかしテンパリングは手がかかり、多少むずかしい作業です。テンパリング不要のコーティングチョコレート（洋生チョコレート、パータグラッセともいう）も市販されていますが、ココアバターが含まれていないか、含まれていても少量なので風味があまりよくありません。
そこで本書では、市販のコーティングチョコレートにクーベルチュールチョコレートや板チョコを合わせた（Callebau（カレボー）：セミスイート + PECQ（ペック）：パータグラッセ）を使用しています。テンパリングの必要もなく、風味豊かで美味しいコーティング用チョコレートをつくることができます。

TEMPERING ｛テンパリングとは｝

チョコレートには多くのカカオバターが含まれています。ただ、カカオバターを構成する何種類かの油脂分はそれぞれ性質が異なるため、チョコレートを溶かしてそのまま冷やすと表面に斑点のシミのようなもの（ブルーム）ができてしまいます。この現象を防ぐために、一度カカオバターの分子を分解して同じ融点で結晶させる作業をテンパリングといいます。

❈本書のレシピではテンパリング不要ですが、トライしてみたい方のために比較的簡単な方法を紹介します。

【冷水法】 テンパリングはさまざまな方法がありますが、家庭では冷水を使った方法が一般的です。
1. チョコレートを60℃の湯にあてて溶かします。（チョコレートの温度は50℃くらい）
2. 冷水にあてて、27℃くらいまでチョコレートの温度を下げます。
3. 再び湯にあてて31℃くらいに戻します。

Notes of chocolate ｛チョコレートの取り扱い方法｝

チョコレートを刻む

板状のチョコレートは、使用する前に溶けやすいサイズに刻んでおきましょう。現在は刻む手間のかからないタブレットタイプのものが増えていて便利です。本書では小粒タブレットタイプのCallebau（カレボー）のセミスイートとミルクチョコレートを使用しています。

水分に気をつける

チョコレートにとって水分は大敵。チョコレートに水分が入ると凝固しやすくなり、コーティングチョコレートではモアレ（縞模様）ができてしまいます。チョコレートを入れるボウル、刻むときの包丁やまな板は、しっかり水気を拭きとってから使いましょう。また、湯せんするときは、湯がチョコレートに入らないように気をつけます。

湯せんの温度

チョコレートを溶かすときは、60℃くらいの湯にあてて溶かします。温度計がない場合は熱湯200mlに水50mlを入れたくらいの温度が目安です。溶かしたチョコレートの温度は、スイート50～55℃、ミルク40～50℃、ホワイト40～45℃が適温です。高温で溶かすとチョコレートの油分が分離してモロモロになるので、熱湯や電子レンジでは絶対に溶かさないでください。

チョコレートの保存方法

チョコレートの保存温度は16～18℃が適温です。また、温度変化を嫌い、高湿・高温も大敵。直射日光を避け、湿気の少ない涼しい場所で保存しましょう。夏場は冷蔵庫で保存することをおすすめします。冬場、暖房を使う室内では温度変化に注意が必要です。

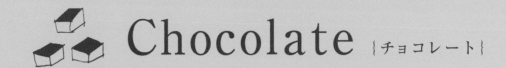
Chocolate {チョコレート}

Cereal chocolate crunch

Ganache

Mendiant

Rumball

Truffle au thé

Salame di cioccolato

Cereal chocolate crunch
{シリアルチョコレートクランチ}

PREPARATION 準備

直径約3cm　15個分

オーブンシート

コーティング用チョコレート 150g

クーベルチュールチョコレート50g＋コーティングチョコレート100gを合わせてつくります。
→詳しくはP9

コーンフレーク 40g

アーモンドダイス 30g

キッチンペーパーを敷いた天板にのせて、170℃にあたためたオーブンで7分空焼きをします。

1
コーティング用チョコレートは60℃くらいの湯にあてて溶かします。

熱湯で溶かすとチョコレートが分離したり、固まったりします。お湯の温度に気をつけます。

2
湯からはずして、コーンフレークを加えてざっと混ぜ合わせます。

3
アーモンドダイスを加えて混ぜ合わせます。

混ぜるとコーンフレークが砕けます。砕け具合はお好みで。

4
オーブンシートの上に、スプーンで食べやすい大きさに落とします。

5
冷蔵庫で冷やし固めます。

密閉容器に入れて、常温で2週間ほど日持ちします。

Ganache {生チョコレート}

PREPARATION 準備

約10cm×10cm 容器　1個分

容器（約10cm×10cm）1個
ラップを敷いておきます。

チョコレート　100g
板チョコの場合は粗く刻んでボウルに入れておきます。

生クリーム　50ml
小鍋に入れておきます。乳脂肪分45～47％のものを使用します。なければ35％のものでもよいです。

水あめ　小さじ1

無塩バター　7g
1cm角にカットしておきます。

ココア　適量

1
チョコレートは60℃くらいの湯にあてて溶かします。

熱湯で溶かすとチョコレートが分離したり、固まったりします。お湯の温度に気をつけます。

2
生クリームの小鍋に水あめを加え、弱火にかけます。鍋肌がフツフツとしてきたら1に加えて、ゆっくりと混ぜ合わせます。

3
無塩バターを加えて、混ぜ合わせます。

4
容器に流し入れ、平らにならしたら、冷凍庫で約30分冷やし固めます。

30分以上冷やすときは、冷蔵庫に移します。

5
チョコレートを取り出し、1cm角にカットしてココアをまぶします。

冷蔵庫で2週間ほど日持ちします。

Ganache

Mendiant {マンディアン}

PREPARATION 準備

直径約5cm　20個分

オーブンシート

コーティング用チョコレート
150g

クーベルチュールチョコレート50g
+コーティングチョコレート100gを
合わせてつくります。→詳しくはP9

ナッツ

くるみ、ヘーゼルナッツ、
アーモンドなどお好みで。

ドライフルーツ

いちじく、アプリコットなど
お好みで。

ピスタチオ　20粒

1

コーティング用チョコレートは60℃くらいの湯にあてて溶かします。

熱湯で溶かすとチョコレートが分離したり、固まったりします。お湯の温度に気をつけます。

2

ナッツをキッチンペーパーを敷いた天板にのせ、170℃にあたためたオーブンで7分空焼きをして冷まします。

アーモンドは温かいうちに縦半分にカットします。

3

ドライフルーツは適当な大きさにカットします。

4

オーブンシートの上にスプーン1杯分を落とし、直径4〜5cmくらいの円に広げます。

5

ナッツとドライフルーツ、ピスタチオなどを手早く飾り、固まるまで、常温で10〜15分置いておきます。

密閉容器に入れて、常温で2週間ほど日持ちします。

Mendiant

Rumball {ラムボール}

PREPARATION 準備　　長さ約5cm　25個分

| トリュフフォーク | オーブンシート | カステラ 3切れ（約100g） | アーモンドパウダー 60g | アーモンドダイス 20g | レーズン 20g |

コーティング用チョコレートをかけるときに使います。普通のフォークでも代用できます。

細かくちぎってボウルに入れておきます。

キッチンペーパーを敷いた天板にのせておきます。

5分ほど湯につけてふやかし、キッチンペーパーでよく水気を切ります。細かく刻んでおきます。

| チョコレート 40g | ラム酒 10ml | 生クリーム 40ml | コーティング用チョコレート 150g | ココア 適量 |

細かく刻んでおきます。

乳脂肪分45〜47%のものを使用します。なければ35%のものでもよいです。

クーベルチュールチョコレート50g＋コーティングチョコレート100gを合わせてつくります。→詳しくはP9

Rumball 〔ラムボール〕

1
アーモンドダイスの天板にアーモンドパウダーものせ、170℃にあたためたオーブンで7分空焼きをして冷まします。

2
カステラを入れたボウルにアーモンドパウダーをふるい入れ、ざっと混ぜ合わせます。

3
チョコレート、レーズン、アーモンドダイス、ラム酒、生クリームを加えます。

4
全体がしっとりとなじむまで混ぜ合わせます。

5
25等分（1個＝約大さじ1）し、手で俵型に整えます。

6

コーティング用チョコレートは60℃くらいの湯にあてて溶かします。

熱湯で溶かすとチョコレートが分離したり、固まったりします。お湯の温度に気をつけます。

7

6に5を1個入れ、ゴムベラでチョコレートをかけます。

8

トリュフフォークなどですくい上げ、余分なチョコレートをきります。

9

竹串などを使って、オーブンシートの上におきます。

10

ココアをふるいます。

密閉容器に入れて、常温で2週間ほど日持ちします。

Rumball

Truffle au thé {紅茶のトリュフ}

PREPARATION 準備　　直径約3cm　20個分

容器(約10cm×20cm)1個	抜き型(直径約3cm)1個	トリュフフォーク	オーブンシート	チョコレート 200g

オーブンシートを敷いておきます。		コーティング用チョコレートをかけるときに使います。普通のフォークでも代用できます。		板チョコの場合は粗く刻んでボウルに入れておきます。

生クリーム 100ml	紅茶(葉) 大さじ1	無塩バター 大さじ1/2	コーティング用チョコレート 150g	転写シート

小鍋に入れておきます。乳脂肪分45〜47%のものを使用します。なければ35%のものでもよいです。	アールグレイなど、香りがある紅茶がおすすめです。	5mm角に刻んで冷やしておきます。	クーベルチュールチョコレート50g＋コーティングチョコレート100gを合わせてつくります。→詳しくはP9	4×4cmにカットしておきます。転写シートはカカオバターでできています。高温の場所に置くと溶けてしまうので気をつけます。

Truffle au thé

Truffle au thé |紅茶のトリュフ|

1

チョコレートは60℃くらいの湯にあてて溶かします。

熱湯で溶かすとチョコレートが分離したり、固まったりします。お湯の温度に気をつけます。

2

生クリームの小鍋に紅茶を入れ、中火にかけます。鍋肌がフツフツとしたら火を止め、ふたをして5分ほど蒸らします。

3

2を茶こしで茶葉を取り除きながら1に加えます。

紅茶の香りを含んだ生クリームが茶葉にたくさん含まれているので、ヘラで茶葉を押して絞り出します。

4

ゴムベラでゆっくり混ぜて全体がなじんだら、無塩バターを加えて混ぜ合わせます。

5

容器に流し入れ、冷凍庫で30〜45分冷やし固めます。

45分以上冷やすときは、冷蔵庫に移します。

6

5が固まったら、抜き型で丸くくり抜き、冷蔵庫で冷やしておきます。

型がない場合は、包丁で四角くカットしてもよいです。

7

コーティング用チョコレートは60℃くらいの湯にあてて溶かします。

熱湯で溶かすとチョコレートが分離したり、固まったりします。お湯の温度に気をつけます。

8

7に**6**を1個入れ、ゴムベラでチョコレートをかけます。トリュフフォークなどですくい上げ、余分なチョコレートをきります。

9

オーブンシートの上におき、転写シートをのせます。

表面がサラサラしている方が接着面です。

10

常温で10〜15分おき、チョコレートが固まったら、転写シートをはがします。

密閉容器に入れて、常温で1週間ほど日持ちします。

Truffle au thé 25

Salame di cioccolato
｜サラミチョコレート｜

PREPARATION 準備　　長さ約10cm　4本分

オーブンシート （約15cm×30cm）4枚	無塩バター 40g	グラニュー糖 40g	卵黄 Lサイズ1個	エスプレッソ 50ml	ココア 60g

	ボウルに入れて、常温にもどしておきます。	上白糖でも代用できます。	溶きほぐしておきます。	インスタントコーヒー小さじ1を湯50mlで溶いたものでも代用できます。	

マシュマロ(小) 40g	クッキー 50g	粉砂糖 適量

	割っておきます。	バットにふるっておきます。

バターを常温にもどす方法

バターが固いままだとパサパサに、完全に溶かすとカチカチの仕上がりになってしまいます。バターをきちんともどすことで、なめらかな食感のお菓子になります。

1. 40℃くらいの湯に3秒くらいあてます。
2. 湯せんからはずして泡立て器で軽く混ぜます。
3. 1、2を繰り返して、バターをマヨネーズ状にします。

Salame di cioccolato　27

Salame di cioccolato |サラミチョコレート|

1 前ページの を参考に無塩バターを常温にもどします。

2 グラニュー糖を加えてすり混ぜます。

3 卵黄を加えてすり混ぜます。

4 ココアをふるい入れます。

5 エスプレッソを加えます。

6
ゴムベラで全体がなじむまで混ぜ合わせます。

7
クッキーとマシュマロを加えて、全体をざっくり混ぜ合わせます。

8
オーブンシートに1/4量をのせ、棒状に整えたら、冷凍庫で1時間冷やし固めます。

9
粉砂糖をまぶします。

10
好みで凧糸を巻くと、サラミそっくりになります。

冷凍庫で1週間ほど日持ちします。

サラミの凧紐の掛け方

Salame di cioccolato

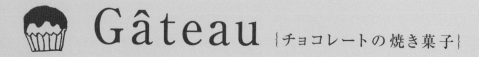 Gâteau {チョコレートの焼き菓子}

American Cookies
Double chocolate chip cookies
American Cookies
Marshmallow white chocolate cookies
Woopie pie
Chocolate hazelnut biscotti
Almond chocolate sablé
Chocolate brownie
White chocolate brownie
Chocolate cup cake
Madeleines au chocolat
Finacier au chocolat
Caramel chocolat cake
Chocolate banana muffin

American Cookies
Double chocolate chip cookies
｜ダブルチョコレートチップクッキー｜

PREPARATION 準備　　直径約8cm　16枚分

| 天板 | 無塩バター 60g | グラニュー糖 30g
+ブラウンシュガー 60g
+塩 ひとつまみ | 卵 Lサイズ1/2個 | サワークリーム 75g | 薄力粉 200g |

オーブンシートを敷いておきます。オーブンを予熱するときはオーブンから出しておきます。

ボウルに入れて、常温にもどしておきます。

グラニュー糖がない場合は上白糖でも代用できます。

溶きほぐしておきます。

| ココア 30g | ベーキングパウダー 小さじ1/4 | シナモン 小さじ1/4 | チョコチップ 75g |

板チョコを細かく砕いたものでもよいです。

バターを常温にもどす方法

バターが固いままだとパサパサに、完全に溶かすとカチカチの仕上がりになってしまいます。バターをきちんともどすことで、なめらかな食感のお菓子になります。

40℃くらいの湯に3秒くらいあてます。

湯せんからはずして泡立て器で軽く混ぜます。

1、2を繰り返して、バターをマヨネーズ状にします。

Double chocolate chip cookies

American Cookies
Double chocolate chip cookies ｜ダブルチョコレートチップクッキー｜

1

🔲オーブンを150℃に予熱します。

前ページの🥄を参考に無塩バターを常温にもどします。

2

1にグラニュー糖＋ブラウンシュガー＋塩をふるい入れてすり混ぜます。

3

卵を2〜3回に分けて少しずつ入れ、その都度混ぜ合わせます。

4

サワークリームを加えて、完全になじむまで混ぜ合わせます。

5

薄力粉、ココア、ベーキングパウダー、シナモンを合わせてふるい入れます。

6
チョコチップを加えます。

7
粉気がなくなるまで、ゴムベラで混ぜ合わせます。

この状態でラップに包み、冷蔵庫で1週間ほど、冷凍庫で1ヶ月ほど保存できます。

8
生地を16等分にします。ボール状にまるめ、天板にのせたら、直径約7cm、厚さ約5mmにつぶして平らに整えます。

9
150℃のオーブン(2段ある場合は下段)で20〜25分焼きます。

10
焼き上がったら網の上で冷まします。

密閉容器に入れて、常温で2週間ほど日持ちします。

American Cookies
Marshmallow white chocolate cookies
｛マシュマロホワイトチョコレートクッキー｝

PREPARATION 準備   直径約8cm　16枚分

| 天板 | 無塩バター 90g | グラニュー糖 30g +ブラウンシュガー 90g +塩 ひとつまみ | 卵 Lサイズ1個 | 薄力粉 220g | ベーキングパウダー 小さじ1/4 |

オーブンシートを敷いておきます。オーブンを予熱するときはオーブンから出しておきます。

ボウルに入れて、常温にもどしておきます。

グラニュー糖がない場合は上白糖でも代用できます。

溶きほぐしておきます。

| シナモン 小さじ1/4 | ホワイトチョコレートチップ 50g | ミニマシュマロ 30g |

板チョコを細かく砕いたものでもよいです。

バターを常温にもどす方法

バターが固いままだとパサパサに、完全に溶かすとカチカチの仕上がりになってしまいます。バターをきちんともどすことで、なめらかな食感のお菓子になります。

40℃くらいの湯に3秒くらいあてます。

湯せんからはずして泡立て器で軽く混ぜます。

1、2を繰り返して、バターをマヨネーズ状にします。

Marshmallow white chocolate cookies

American Cookies
Marshmallow white chocolate cookies ｜マシュマロホワイトチョコレートクッキー｜

1

オーブンを170℃に予熱します。
前ページの を参考に無塩バターを常温にもどします。

2

1にグラニュー糖＋ブラウンシュガー＋塩をふるい入れます。

3

泡立て器ですり混ぜます。

4

卵を2〜3回に分けて少しずつ入れ、その都度混ぜ合わせます。

5

薄力粉、ベーキングパウダー、シナモンを合わせてふるい入れます。

6
ホワイトチョコレートチップ、ミニマシュマロを加えます。

7
粉気がなくなるまで、ゴムベラで混ぜ合わせます。

この状態でラップに包み、冷蔵庫で1週間ほど、冷凍庫で1ヶ月ほど保存できます。

8
生地を16等分にしてボール状にまるめ、天板にのせます。

9
直径7cm、厚さ5mmにつぶして平らに整えます。170℃のオーブン（2段ある場合は下段）で10分焼きます。

10
焼き上がったら網の上で冷まします。

密閉容器に入れて、常温で2週間ほど日持ちします。

Woopie pie |ウーピーパイ|

PREPARATION 準備　　直径約5cm　6個分

| 天板 | 絞り出し袋・1cm丸口金 | 無塩バター 40g | グラニュー糖 30g | 卵 30g（Lサイズ約1/2個分） | 薄力粉 30g |

オーブンシートを敷き、3cmの円を12個書いておきます。オーブンを予熱するときはオーブンから出しておきます。

ボウルに入れて、常温にもどしておきます。

上白糖でも代用できます。

常温にもどしておきます。卵が冷たいと生地が分離しやすくなります。冷たい場合は30℃くらいの湯にあてます。

| ココア 15g | ベーキングパウダー 小さじ1/2 | マシュマロ 3個 |

半分にカットしておきます。

バターを常温にもどす方法

バターが固いままだとパサパサに、完全に溶かすとカチカチの仕上がりになってしまいます。バターをきちんともどすことで、なめらかな食感のお菓子になります。

40℃くらいの湯に3秒くらいあてます。

湯せんからはずして泡立て器で軽く混ぜます。

1、2を繰り返して、バターをマヨネーズ状にします。

Woopie pie ｜ウーピーパイ｜

1
オーブンを180℃に予熱します。
前ページの を参考に無塩バターを常温にもどします。

2
1にグラニュー糖を加えて、泡立て器ですり混ぜます。

3
卵を少しずつ加えて混ぜ合わせます。

卵を少し入れて泡立て器で混ぜ、卵が見えなくなったら次を入れます。

4
薄力粉、ココア、ベーキングパウダーを合わせてふるい入れます。

5
粉気がなくなるまで、ゴムベラで混ぜ合わせます。

6
絞り出し袋を準備します❶。口金を絞り出し袋に入れ、絞り口のすぐ上をねじり❷、袋を押し込みます❸。コップなどにセットし、袋の口を広げます❹。5を絞り出し袋に入れます。

7
オーブンシートに書いた円を参考にして直径3cmに絞ります。180℃のオーブン(2段の場合は下段)で13〜15分焼きます。

8
焼き上がったら網の上で冷まします。

9
耐熱容器に8を1枚のせ、マシュマロの切り口を水で濡らしてのせます。

10
500wの電子レンジで10秒加熱し、マシュマロがやわらかいうちに8をもう一枚のせます。マシュマロが固まれば出来上がりです。

密閉容器に入れて、常温で1週間ほど日持ちします。

Chocolate hazelnut biscotti
｛チョコレートヘーゼルナッツビスコッティ｝

PREPARATION 準備   長さ約10cm　15個分

| 天板 | 薄力粉 90g | ココア 30g | ベーキングパウダー 小さじ1/2 | シナモン 小さじ1/4 |

オーブンシートを敷いておきます。オーブンを予熱するときはオーブンから出しておきます。

| ブラウンシュガー 30g | グラニュー糖 40g ＋塩 ひとつまみ | ヘーゼルナッツ 50g | 卵 Lサイズ1個 |

きび糖や三温糖でも代用できます。

グラニュー糖がない場合は上白糖でも代用できます。

キッチンペーパーを敷いた天板にのせて170℃にあたためたオーブンで7分空焼きをします。アーモンドでも代用できます。

溶きほぐしておきます。

chocolate hazelnut biscotti

Chocolate hazelnut biscotti |チョコレートヘーゼルナッツビスコッティ|

1

🔲 オーブンを170℃に予熱します。

ボウルに薄力粉、ココア、ベーキングパウダー、シナモン、ブラウンシュガー、グラニュー糖＋塩を合わせてふるい入れます。

2

ヘーゼルナッツを加えてゴムベラで混ぜ合わせます。

3

卵を加えてゴムベラでざっと混ぜ合わせます。

粉が多いのでここでは完全に混ざらずムラが残ります。

4

さらにひとまとまりになるまで手で混ぜ合わせます。

5

ボウルに生地をぐっと押しつけるようにして、全体がなめらかになるまで20回ほどこねます。

6
大きくラップを広げて生地をのせ、上からラップをかぶせます。麺棒でタテ20cm×ヨコ7cm×厚さ1cmに整えます。

麺棒がない場合は、手で整えてもよいです。

7
天板にのせ、170℃のオーブン(2段の場合は下段)で25分焼きます。

8
生地を取り出し、1cm幅にカットします。

9
カットした面を上にして、再び170℃のオーブンで10分、裏返してさらに10分焼きます。

10
焼き上がったら網の上で冷まします。

密閉容器に入れて、常温で2週間ほど日持ちします。

Almond chocolate sablé
{アーモンドチョコレートサブレ}

PREPARATION 準備　　4cm×5cm 15枚分

天板

オーブンシートを敷いておきます。オーブンを予熱するときはオーブンから出しておきます。

無塩バター 50g

ボウルに入れて、常温にもどしておきます。

粉砂糖 25g

粉砂糖がない場合は、グラニュー糖や上白糖でも代用できます。

薄力粉 35g

ココア 5g

アーモンドパウダー 25g

コーンスターチ 35g

スライスアーモンド 25g

キッチンペーパーを敷いた天板にのせて150℃にあたためたオーブンで5分空焼きをします。

バターを常温にもどす方法

バターが固いままだとパサパサに、完全に溶かすとカチカチの仕上がりになってしまいます。バターをきちんともどすことで、なめらかな食感のお菓子になります。

40℃くらいの湯に3秒くらいあてます。

湯せんからはずして泡立て器で軽く混ぜます。

1、2を繰り返して、バターをマヨネーズ状にします。

Almond chocolate sablé

Almond chocolate sablé |アーモンドチョコレートサブレ|

1

前ページの🥄を参考に無塩バターを常温にもどします。

2

1に粉砂糖をふるい入れて、泡立て器ですり混ぜます。

3

2に薄力粉、ココア、アーモンドパウダー、コーンスターチを合わせてふるい入れます。

4

スライスアーモンドを加えます。

5

粉気がなくなるまで、ゴムベラで混ぜ合わせます。

6
生地をひとまとめにしてラップに移します。

7
タテ7cm×ヨコ4cm×厚さ3cmのキューブ状に整え、冷凍庫で30分休ませます。

この状態で冷凍庫で1ヶ月ほど保存できます。焼くときは凍ったままカットします。

8
オーブンを180℃に予熱します。

厚さ5mmにカットします。

9
天板に並べ、180℃のオーブン(2段の場合は下段)で12分焼きます。

焼くと生地が膨らむので間をあけて並べます。

10
焼き上がったら網の上で冷まします。

密閉容器に入れて、常温で2週間ほど日持ちします。

PREPARATION 準備　　20cm×20cm セルクル型　1台分

セルクル型
（20cm×20cm）1台

オーブンシートを敷き、天板の上におきます。セルクル型がない場合は21×16×3cmのバットでも代用できます。

チョコレート 120g

板チョコの場合は粗く刻んでボウルに入れておきます。

無塩バター 80g

卵 Lサイズ2個

ボウルに入れて溶きほぐしておきます。

グラニュー糖 100g

上白糖でも代用できます。

薄力粉 100g

ベーキングパウダー 小さじ1/2

ピーカンナッツ 60g

くるみやアーモンドでも代用できます。

🥄 ピーカンナッツの準備

天板にキッチンペーパを敷いて空焼きをするとペーパーがナッツの余分な油を吸ってカリッと仕上がります。

1. キッチンペーパを敷いた天板にのせて170℃にあたためたオーブンで7分空焼きをします。

2. 焼き上がったらあたかいうちに包丁で粗く刻んで冷ましておきます。

Chocolate brownie　53

Chocolate brownie │チョコレート ブラウニー│

1

🔥 オーブンを180℃に予熱します。
チョコレートのボウルに無塩バターを入れます。鍋に湯を沸かし、火をごく弱火にしたらボウルをあててチョコレートと無塩バターを溶かします。

2

卵のボウルにグラニュー糖を加えてよく混ぜ合わせます。

3

1が溶けたら火を止め、2を加えます。

4

泡立て器で全体がなじむまでよく混ぜ合わせます。

5

湯せんからはずして、薄力粉とベーキングパウダーを合わせてふるい入れます。

6
ピーカンナッツの半量を加えます。

7
粉気がなくなるまで、ゴムベラで混ぜ合わせます。

8
セルクル型に流し入れ、平らにならします。

9
ピーカンナッツの残りを散らします。180℃のオーブン（2段ある場合は下段）で30分焼きます。

10
焼き上がったら、オーブンから出して5分ほど天板のまま網に置いておきます。その後、型をはずして網の上で冷まします。

密閉容器に入れて、常温で2週間ほど日持ちします。

PREPARATION 準備　　20cm×20cm セルクル型　1台分

セルクル型 （20cm×20cm）1台	ホワイトチョコレート 120g	無塩バター 80g	卵 Lサイズ2個	グラニュー糖 50g

オーブンシートを敷き、天板の上におきます。セルクル型がない場合は21×16×3cmのバットでも代用できます。	板チョコの場合は粗く刻んでボウルに入れておきます。	1cm角に切っておきます。	ボウルに入れて溶きほぐしておきます。	上白糖でも代用できます。

薄力粉 100g	ベーキングパウダー 小さじ1/2	冷凍フランボワーズ 30粒	飾り用ホワイトチョコレート 30g

White chocolate brownie |ホワイトチョコレート ブラウニー|

1

オーブンを170℃に予熱します。

ホワイトチョコレートは60℃くらいの湯にあてて溶かします。

熱湯で溶かすとチョコレートが分離したり、固まったりします。お湯の温度に気をつけます。

2

1に無塩バターを加えて溶かします。

3

卵のボウルにグラニュー糖を加えてよく混ぜ合わせます。

4

3を2に加え、全体がなじむまでよく混ぜ合わせます。

5

湯せんからはずして、薄力粉とベーキングパウダーを合わせてふるい入れます。

6
粉気がなくなるまで、ゴムベラで混ぜ合わせます。

7
セルクル型に流し入れ、平らにならします。

8
冷凍フランボワーズを散らします。170℃のオーブン(2段ある場合は下段)で30分焼きます。

9
焼き上がったら、オーブンから出して5分ほど天板のまま網に置いておきます。その後、型をはずして網の上で冷まします。

10
飾り用ホワイトチョコレートを60℃くらいの湯にあてて溶かし、ブラウニーが冷めたらスプーンで上にかけます。

密閉容器に入れて、常温で1週間ほど日持ちします。

Chocolate cup cake |チョコレートカップケーキ|

PREPARATION 準備　　　直径5.5cmマフィン型　12個分

マフィン型
（直径5.5cm×6個）2台

マフィン型にグラシン紙を敷いておきます。紙のマフィンカップでも代用できます。

卵 Lサイズ1個

ボウルに入れて溶きほぐしておきます。

グラニュー糖 100g

上白糖でも代用できます。

サラダ油 40ml

薄力粉 100g

ココア 30g

ベーキングパウダー 小さじ1

牛乳 80ml

冷凍フランボワーズ 24粒

――― ガナッシュ用 ―――

チョコレート 50g

板チョコの場合は粗く刻んでボウルに入れておきます。

生クリーム 50ml

小鍋に入れておきます。乳脂肪分45〜47％のものを使用します。なければ35％のものでもよいです。

Chocolate cup cake

Chocolate cup cake |チョコレートカップケーキ|

1

🔲 オーブンを160℃に予熱します。
卵のボウルにグラニュー糖、サラダ油を加えます。

2

泡立て器でねっとりするまで混ぜ合わせます。

3

薄力粉、ココア、ベーキングパウダーを合わせてふるい入れます。

4

粉気がなくなるまで、ゴムベラで混ぜ合わせます。

5

牛乳を加えて混ぜ合わせます。

6
マフィン型に生地を6分目くらいまで流し入れます。

7
冷凍フランボワーズを入れます。160℃のオーブン(2段ある場合は下段)で30分焼きます。

8
焼き上がったら5分ほど型のまま冷まします。その後、型からはずし、網の上で冷まします。

9
ガナッシュをつくります。チョコレートを60℃の湯にあてて溶かします。生クリームを中火にかけ、鍋肌がフツフツとしたら火を止めて、チョコレートのボウルに加えて、ゆっくりと混ぜ合わせます。

10
カップケーキが冷めたら、ガナッシュを上からかけます。

密閉容器に入れて、常温で3日間ほど日持ちします。

Chocolate cup cake

Madeleines au chocolat
{マドレーヌ オ ショコラ}

PREPARATION 準備　　5cm×8cm シェル型　6個分

シェル型 （5cm×8cm）6個	無塩バター 50g	卵 Lサイズ 1個	グラニュー糖 50g	チョコレート 50g

型に無塩バター（分量外）をうすくぬり、強力粉（分量外）をはたいて余分な粉をおとします。使うまで冷蔵庫で冷やしておきます。	小鍋に入れておきます。	ボウルに入れて溶きほぐしておきます。	上白糖でも代用できます。	板チョコの場合は粗く刻んでボウルに入れておきます。

薄力粉 45g	ベーキングパウダー 小さじ1/3

Madeleines au chocolat

Madeleines au chocolat {マドレーヌ オ ショコラ}

1
チョコレートは60℃くらいの湯にあてて溶かします。

熱湯で溶かすとチョコレートが分離したり、固まったりします。お湯の温度に気をつけます。

2
卵のボウルにグラニュー糖を加えて泡立て器でざっと混ぜ合わせます。

3
2に1を加えて混ぜ合わせます。

4
薄力粉とベーキングパウダーを合わせてふるい入れます。

5
粉気がなくなり、クリーム状になるまで、ゴムベラで混ぜ合わせます。

6
無塩バターを中火にかけて溶かします。

7
無塩バターがすべて溶けたら熱いうちに **5** に加えて混ぜ合わせます。

8
ボウルにラップをして冷蔵庫で1時間休ませます。

この状態で冷蔵庫で2～3日保存できます。

9
オーブンを180℃に予熱します。

シェル型の8分目まで生地を流し入れ、オーブン（2段の場合は上段）で12～15分焼きます。

10
ふっくらとふくらんだコブが乾いていれば焼き上がり。焼き上がったらすぐに型から外し、網の上で冷まします。

密閉容器に入れて、常温で1週間ほど日持ちします。

Madeleines au chocolat

Finacier au chocolat
{フィナンシェ オ ショコラ}

PREPARATION 準備　　8cm×4cm フィナンシェ型　10個分

フィナンシェ型 （8cm×4cm）10個	卵白 80g	グラニュー糖 90g	薄力粉 30g	アーモンドパウダー 35g

型に無塩バター（分量外）をうすくぬり、使うまで冷蔵庫で冷やしておきます。	常温にもどしておきます。	ボウルに入れておきます。		

ココア 5g	チョコレート 10g	無塩バター 80g

	板チョコの場合は粗く刻んでボウルに入れ、60℃くらいの湯にあてて溶かしておきます。	小鍋に入れておきます。

Finacier au chocolat

Finacier au chocolat |フィナンシェ オ ショコラ|

1

🔥 オーブンを220℃に予熱します。
グラニュー糖のボウルに薄力粉、アーモンドパウダー、ココアを合わせてふるい入れ、泡立て器でざっと混ぜ合わせます。

2

卵白を加えて、よく混ぜ合わせます。

3

チョコレートを加えて混ぜ合わせます。

4

焦がしバターをつくります。
無塩バターを中火にかけて溶かします。

5

無塩バターがコーラくらいの深い茶色になるまで焦がします。

真っ黒に焦がしそうで不安な場合は、鍋を火から外し様子を見ながら再び火にかけて調整します。

6
水を入れたボウルに鍋ごとあてます。

これ以上焦げないようにするためです。

7
6をこしながら3に加えます。

バターが冷めないうちに加えます。60℃くらいが適温です。

8
全体にバターがなじむまで、よく混ぜ合わせます。

9
フィナンシェ型の9分目まで生地を流し入れ、220℃のオーブン(2段の場合は上段)で12〜15分焼きます。

表面が乾いていたら焼き上がりです。

10
焼き上がったらすぐに型から外し、網の上で冷まします。

密閉容器に入れて、常温で1週間ほど日持ちします。

Caramel chocolat cake
|キャラメルショコラケーキ|

PREPARATION 準備　　直径6cmマフィンカップ　6個分

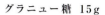
カラメル用

マフィンカップ（直径6cm）6個	グラニュー糖 15g	熱湯 10ml	グラニュー糖 50g	薄力粉 40g	ベーキングパウダー 小さじ1/2

紙製がおすすめです。	小鍋に入れておきます。		ボウルに入れておきます。上白糖でも代用できます。		

チョコレート 50g	無塩バター 50g	卵 Lサイズ1個	ナッツ	ピスタチオ 適量

板チョコの場合は粗く刻んでボウルに入れておきます。			くるみ、ヘーゼルナッツ、アーモンドなどお好みで。キッチンペーパーを敷いた天板にのせて170℃にあたためたオーブンで7分空焼きをします。	

Caramel chocolat cake

Caramel chocolat cake |キャラメルショコラケーキ|

1

🔲 オーブンを180℃に予熱します。
カラメルをつくります。
グラニュー糖を中火にかけて、たまに鍋をゆすりながら溶かし、半分くらい溶けてきたらヘラでかき混ぜます。

2

全体がカラメル色になったら、火を止めて熱湯を少しずつ加えます。そのまま1分ほど煮詰めます。

湯がぬるいとカラメルがはねて危ないので必ず熱い湯を注ぎます。

3

グラニュー糖のボウルに、薄力粉とベーキングパウダーを合わせてふるい入れ、ざっと混ぜ合わせます。

4

チョコレートのボウルに2と無塩バターを加え、湯にあてて溶かします。

5

3に4を加えます。

6

卵を加えます。

7

よく混ぜ合わせます。

8

マフィンカップの7分目まで生地を流し入れます。

9

ナッツやピスタチオをのせます。天板に並べ、180℃のオーブン（2段の場合は下段）で20分焼きます。

10

焼き上がったら網の上で冷まします。

密閉容器に入れて、常温で2週間ほど日持ちします。

Caramel chocolat cake

PREPARATION 準備　　直径5.5cmマフィン型　6個分

マフィン型
（直径5.5cm×6個）1台

マフィン型にグラシン紙を敷いておきます。紙のマフィンカップでも代用できます。

無塩バター 60g

ボウルに入れて、常温にもどしておきます。

ブラウンシュガー 70g ＋塩 ひとつまみ

きび糖や三温糖でも代用できます。

卵 Lサイズ1個

常温にもどしておきます。
卵が冷たいと生地が分離しやすくなります。冷たい場合は30℃くらいの湯にあてます。

牛乳 30ml

常温にもどしておきます。

薄力粉 130g

ココア 15g

ベーキングパウダー 小さじ1

バナナ 1本

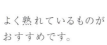

よく熟れているものがおすすめです。

バターを常温にもどす方法

バターが固いままだとパサパサに、完全に溶かすとカチカチの仕上がりになってしまいます。バターをきちんともどすことで、なめらかな食感のお菓子になります。

40℃くらいの湯に3秒くらいあてます。

湯せんからはずして泡立て器で軽く混ぜます。

1、2を繰り返して、バターをマヨネーズ状にします。

Chocolate banana muffin

Chocolate banana muffin 〔チョコレートバナナマフィン〕

1

🔲 オーブンを180℃に予熱します。
前ページの 🥄 を参考に無塩バターを常温にもどします。

2

ブラウンシュガー＋塩をふるい入れ、泡立て器ですり混ぜます。

3

卵を少しずつ加えて混ぜ合わせます。

卵を少し入れて泡立て器で混ぜ、卵が見えなくなったら次を入れます。

4

牛乳を少しずつ加えて混ぜ合わせます。

5

薄力粉、ココア、ベーキングパウダーを合わせてふるい入れます。

6
バナナを手でつぶしながら加えます。

7
粉気がなくなるまで、ゴムベラで混ぜ合わせます。

バナナがつぶれてもよいので、ツヤがもどるまで混ぜ合わせます。

8
マフィン型いっぱいに生地を流し入れ、180℃のオーブン（2段の場合は下段）で20〜25分焼きます。

9
焼き上がったら型のまま冷まします。

生地が柔らかいので焼き立てを型からはずすと崩れることがあります。

10
マフィンが冷めたら、横から竹串でマフィンを支えて取り出します。

密閉容器に入れて、常温で3日間ほど日持ちします。

Chocolate banana muffin

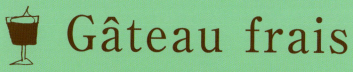
Gâteau frais
{チョコレートの冷たいお菓子}

Chocolate mousse
Pots de crème au Chocolat
White chocolate mousse
Chocolate pudding
White chocolate cheesecake

Chocolate mousse
{チョコレートムース}

PREPARATION 準備

約100mlグラス　3個分

グラス（約100ml）3個

チョコレート　75g
板チョコの場合は粗く刻んで
ボウルに入れておきます。

生クリーム　150ml
乳脂肪分45〜47％のものを使用します。
なければ35％のものでもよいです。

飾り用生クリーム　50ml
食べる直前に泡立てます。
ボウルごと氷水にあてて、9分立てにします。

1
チョコレートは60℃くらいの湯にあてて溶かします。

熱湯で溶かすとチョコレートが分離したり、固まったりします。お湯の温度に気をつけます。

2
生クリームはボウルごと氷水にあてて、5分立てにします。

3
2の半量を1に加え、ゴムベラでよく混ぜ合わせます。

1は湯にあてたままにしておきます。

4
3を湯からはずし、2の残りを加えて、ふんわりと混ぜ合わせます。

5
グラスに流し入れ、冷蔵庫で1時間冷やし固めます。食べる直前に、飾り用生クリームを飾ります。

冷蔵庫で3日ほど日持ちします。

Pots de crème au Chocolat

{ポドクレーム オ ショコラ}

PREPARATION 準備

約50mlココット型　4個分

ココット型
（約50ml）4個

生クリーム　100ml
小鍋に入れておきます。乳脂肪分45〜47％のものを使用します。なければ35％のものでもよいです。

牛乳　100ml

チョコレート　75g
板チョコの場合は粗く刻んでボウルに入れておきます。

卵黄 Lサイズ2個
ボウルに入れておきます。

グラニュー糖　20g
上白糖でも代用できます。

1

オーブンを150℃に予熱します。
チョコレートは60℃くらいの湯にあてて溶かします。

熱湯で溶かすとチョコレートが分離したり、固まったりします。お湯の温度に気をつけます。

2

生クリームの小鍋に牛乳を加えて中火かけます。鍋肌がフツフツとしたら、1に少しずつ加えて、ゆっくりと混ぜ合わせます。

3

卵黄のボウルにグラニュー糖を加えてすり混ぜます。さらに2を加えて、静かに混ぜ合わせます。

4

バットにココット型を並べて3を流し入れます。40℃くらいの湯を型の下2cmくらい浸るまで注ぎ、アルミホイルをかぶせます。

バットがなければ、天板に直にお湯を注いで並べてもよいです。

5

150℃のオーブン（2段の場合は下段）で30〜35分、湯せん焼きします。網の上で粗熱を取ってから、冷蔵庫で冷やします。

型をゆすってみて、生地が大きくゆれなければ焼き上がりです。

Pots de crème au Chocolat

White chocolate mousse

|ホワイトチョコレートムース|

PREPARATION 準備   直径8cm×高さ4cm ココット型　5個分

ココット型	卵黄 Lサイズ1個	グラニュー糖 50g	牛乳 50ml	粉ゼラチン 2g ＋ 水 10ml
（直径8cm×高さ4cm）5個				
	ボウルに入れて溶きほぐしておきます。	上白糖でも代用できます。	小鍋に入れておきます。	粉ゼラチンに水を注いでよく混ぜ合わせたら、冷蔵庫に入れて30分ふやかしておきます。

ホワイトチョコレート 60g	生クリーム 100ml	フランボワーズ 40粒

板チョコの場合は粗く刻んでボウルに入れておきます。	ボウルに入れて冷やしておきます。乳脂肪分45〜47％のものを使用します。なければ35％のものでもよいです。	

White chocolate mousse

White chocolate mousse |ホワイトチョコレートムース|

1
ホワイトチョコレートは60℃くらいの湯にあてて溶かします。

熱湯で溶かすとチョコレートが分離したり、固まったりします。お湯の温度に気をつけます。

2
卵黄のボウルにグラニュー糖を加えてすり混ぜます。

3
牛乳を中火にかけます。鍋肌がフツフツとしたら火を止め、2に加えて混ぜ合わせます。

4
3を小鍋に戻し、ごく弱火にかけてゴムベラで絶えず混ぜながら1分ほど火にかけて軽くとろみをつけます。

5
火を止め、ゼラチンをちぎり入れます。

6

5をこしながら1に加えてよく混ぜ合わせます。氷水にあてて、粗熱を取ります。

7

生クリームのボウルを氷水にあてて7分立てにします。

8

7の半量を6に加えてよく混ぜ合わせたら、残りも加えてふんわりと混ぜ合わせます。

9

ココット型の半分までムースを流し入れ、フランボワーズを加えます。フランボワーズの上に残りのムースを流し入れ、冷蔵庫で2時間ほど冷やします。

10

食べる直前に残りのフランボワーズを飾ります。

冷蔵庫で3日間ほど日持ちします。

Chocolate pudding

｛チョコレートプリン｝

PREPARATION 準備　　直径6.5cm×高さ6cm　プリン型5個分

──── カラメル用 ────

プリン型　　　　グラニュー糖 30g　　　熱湯 20ml　　　グラニュー糖 60g　　　ココア 20g
（直径6.5cm×高さ6cm）5個

　　　　　　　　小鍋に入れておきます。　　　　　　　　　　　　　ボウルに入れておきます。
　　　　　　　　　　　　　　　　　　　　　　　　　　　　　　　上白糖でも代用できます。

卵 Lサイズ2個　　　牛乳 300ml　　　エスプレッソ 20ml

溶きほぐしておきます。　小鍋に入れておきます。　インスタントコーヒー
　　　　　　　　　　　　　　　　　　　　　　小さじ1を湯20mlで
　　　　　　　　　　　　　　　　　　　　　　溶いたものでも代用
　　　　　　　　　　　　　　　　　　　　　　できます。

Chocolate pudding

Chocolate pudding |チョコレートプリン|

1

カラメルをつくります。
グラニュー糖を中火にかけて、たまに鍋をゆすりながら溶かし、半分くらい溶けてきたらゴムヘラでかき混ぜます。

2

全体がカラメル色になったら火を止めて、熱湯を少しずつ加えます。そのまま3分ほど中火にかけてカラメルを仕上げます。

湯がぬるいとカラメルがはねて危ないので必ず熱い湯を注ぎます。

3

プリン型にカラメルを均等に流し入れ、冷蔵庫で20分ほど冷やします。

4

オーブンを160℃に予熱します。

プリン液をつくります。
グラニュー糖のボウルにココアをふるい入れ、泡立て器でよくすり混ぜます。

5

卵を加えて、よく混ぜ合わせます。

6
牛乳の小鍋にエスプレッソを加えて中火にかけます。鍋肌がフツフツとしたら火を止めます。

7
6を5に少しずつ加えて混ぜ合わせます。

8
カラメルの入ったプリン型に7をこしながら流し入れます。

ここで一度こしておくとなめらかなプリンに仕上がります。

9
バットに並べ、40℃くらいの湯を型の下2cmくらい浸るまで注ぎます。バットを天板にのせ、160℃のオーブン（2段の場合は下段）で30分、湯せん焼きします。

バットがなければ、天板に直にお湯を注いで並べてもよいです。

10
焼き上がったら網の上で冷まします。その後、冷蔵庫で冷やし、型からはずします。

型まわりの生地を軽く押しながらはがし、盛りつける皿の上にプリン型をのせ、皿とプリン型を合わせて軽くふるとすっと抜けます。

Chocolate pudding

White chocolate cheesecake
ホワイトチョコレートチーズケーキ

PREPARATION 準備　　直径18cm丸型　1台分

| 丸型（直径18cm）1台 | グラハムビスケット 80g | 無塩バター 40g | ホワイトチョコレート 200g | クリームチーズ 200g |

底が抜けるタイプの丸型を使用します。底と側面にオーブンシートを敷いておきます。

ボウルに入れて細かく砕いておきます。

板チョコの場合は粗く刻んでボウルに入れておきます。

常温にもどしておきます。

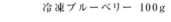　ブルーベリーソース用　

| 生クリーム 100ml | 冷凍ブルーベリー 100g | 上白糖 30g | レモン汁 小さじ1 |

乳脂肪分35%のものを使用します。なければ45〜47%のものでもよいです。

小鍋に入れておきます。生のブルーベリーでも良いです。

グラニュー糖でも代用できます。

White chocolate cheesecake

White chocolate cheesecake |ホワイトチョコレートチーズケーキ|

1
グラハムビスケットのボウルに無塩バターを加えて、しっとりとするまで手で混ぜ合わせます。

2
丸型に入れ、指で押してしっかりと敷き込み、冷蔵庫で冷やしておきます。

3
ホワイトチョコレートは60℃くらいの湯にあてて溶かします。

熱湯で溶かすとチョコレートが分離したり、固まったりします。お湯の温度に気をつけます。

4
クリームチーズを泡立て器で混ぜてクリーム状にします。

固い場合は、40℃くらいの湯にあてながら混ぜると柔らかくなります。

5
生クリームを少しずつ加えて、混ぜ合わせます。

6
3を5に加えて、混ぜ合わせます。

7
2に流し入れ、冷蔵庫で2時間ほど冷やし固めます。

8
食べる直前に型からはずします。

冷蔵庫で1週間ほど日持ちします。

9
ブルーベリーソースをつくります。ブルーベリーの小鍋に上白糖を加えて、中火にかけます。

10
上白糖が溶けたら火を止めてそのまま冷まし、レモン汁を加えます。チーズケーキにかけます。

冷蔵庫で1週間ほど日持ちします。

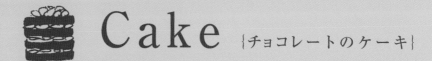
Cake {チョコレートのケーキ}

Fondant au chocolat

Gâteau au chocolat

Pain d'épices au chocolat

Kouglof au chocolat

Kirsch schnitten

Decorated cake

Fondant au chocolat
|フォンダン オ ショコラ|

PREPARATION 準備　　直径6cm 丸セルクル型 4個分

―――――― ガナッシュ用 ――――――

丸セルクル型　　約8×8cm 容器1個　　チョコレート 50g　　生クリーム 50ml　　グラニュー糖 50g
（直径6cm）4個

オーブンシートを敷いた天板に丸セルクル型を並べます。丸セルクル型の側面にオーブンシートを敷いておきます。

ラップを敷いておきます。

板チョコの場合は粗く刻んでボウルに入れておきます。

小鍋に入れておきます。乳脂肪分45〜47％のものを使用します。なければ35％のものでもよいです。

ボウルに入れておきます。上白糖でも代用できます。

薄力粉 40g　　ベーキングパウダー 小さじ1/2　　チョコレート 50g　　無塩バター 50g　　卵 Lサイズ1個　　粉砂糖 適量

粗く刻んでボウルに入れておきます。

Fondant au chocolat

Fondant au chocolat |フォンダン・オ・ショコラ|

1
ガナッシュをつくります。
チョコレートは60℃くらいの湯にあてて溶かします。

熱湯で溶かすとチョコレートが分離したり、固まったりします。お湯の温度に気をつけます。

2
生クリームを弱火にかけます。鍋肌がフツフツとしたら**1**に加え、ゆっくりと混ぜ合わせます。

3
ガナッシュ用容器に**2**を流し入れ、冷凍庫で30分ほど冷やし固めます。

4
オーブンを180℃に予熱します。
グラニュー糖のボウルに、薄力粉、ベーキングパウダーを合わせてふるい入れ、ざっと混ぜ合わせます。

5
チョコレートのボウルに無塩バターを加えて、湯にあてて溶かします。

6
4に5と卵を入れ、よく混ぜ合わせます。

7
丸セルクル型に6の半量を流し入れます。

8
3を4等分にして、生地の上にのせます。

9
6の残りを流し入れ、粉砂糖を茶こしでふるいます。180℃のオーブン（2段の場合は下段）で20分焼きます。

10
焼き上がったらすぐに皿に移し、型とオーブンシートをはずします。

冷めてしまったときは、500wの電子レンジで10〜20秒あたためるとガナッシュがやわらかくなります。

Fondant au chocolat 103

Gâteau au chocolat
{ガトー オ ショコラ}

PREPARATION 準備   直径18cm丸型 1台分

丸型 （直径18cm）1台	チョコレート 70g	無塩バター 60g	卵黄 Lサイズ3個	グラニュー糖 70g

底と側面にオーブンシートを敷いておきます。	板チョコの場合は粗く刻んでボウルに入れておきます。		ボウルに入れて溶きほぐしておきます。	上白糖でも代用できます。

──── メレンゲ用 ────

卵白 Lサイズ3個	グラニュー糖 50g	薄力粉 30g	ココア 40g	粉砂糖 適量

ボウルに入れて、冷蔵庫で冷やしておきます。	上白糖でも代用できます。			

Gâteau au chocolat

Gâteau au chocolat 〖ガトーオショコラ〗

1

🍳 オーブンを150℃に予熱します。
チョコレートのボウルに無塩バターを加えて、60℃くらいの湯にあてて溶かします。

2

卵黄のボウルにグラニュー糖を入れ、よく混ぜ合わせます。

3

2に1を加えて、混ぜ合わせます。

4

メレンゲをつくります。
卵白のボウルにグラニュー糖を小さじ1入れ、ハンドミキサー低速にかけます。全体が白っぽくなったら、中速に上げます。

5

全体のキメが細かくなったら高速にして、残りのグラニュー糖を2回に分けて加えます。羽を持ち上げたときに、根元はしっかりしていて先が少し垂れるくらいになれば出来上がりです。

6
3にメレンゲの1/4を入れ、ゴムベラでよく混ぜ合わせます。

7
薄力粉とココアを合わせて1/3をふるい入れ、粉気がなくなるまで混ぜ合わせます。メレンゲの1/4を加えて、ざっと混ぜ合わせます。

8
6と7を2回くり返したら生地の完成です。

9
丸型に流し入れ、150℃のオーブン(2段の場合は下段)で45分焼きます。

10
焼き上がったら型からはずし、網の上で冷まします。冷めたら粉砂糖をふるいます。

密閉容器に入れて、常温で2週間ほど日持ちします。

Pain d'épices au chocolat
[パンデピス オ ショコラ]

PREPARATION 準備　　8cm×18.5cm パウンド型　1台分

パウンド型
（8cm×18.5cm×高さ6.5cm）
1台

オーブンシートを敷いて
おきます。

水　75ml

小鍋に入れておきます。

グラニュー糖　50g

はちみつ　75g

スパイス

シナモンスティック1本、
アニス（八角）2個、シナ
モンパウダー小さじ1/4
など、お好みで。

薄力粉　80g

コーンスターチ　10g

ココア　10g

ベーキングパウダー　小さじ1/4

重曹　小さじ1/3

ラム酒　10ml

ナパージュ用
あんずジャム15g
＋ラム酒小さじ1

小鍋に入れておきます。

Pain d'épices au chocolat

Pain d'épices au chocolat ｜パンデピスオショコラ｜

1
水の小鍋に、グラニュー糖、はちみつを入れ、中火にかけて沸騰させます。

2
ボウルにスパイスを入れ、1を注ぎます。

3
ざっと混ぜ、ラップをして、常温でひと晩寝かせます。

4
オーブンを180℃に予熱します。
別のボウルに薄力粉、コーンスターチ、ココア、ベーキングパウダー、重曹を合わせてふるい入れます。

5
3をこしながら4に注ぎます。
こしたスパイス類は取っておきます。

6
5にラム酒を加えて粉気がなくなり、なめらかになるまで、泡立て器で混ぜ合わせます。

7
パウンド型に流し入れ、180℃のオーブン(2段の場合は下段)で35分焼きます。

8
焼き上がる1〜2分前になったらナパージュをつくります。あんずジャム＋ラム酒を火にかけ、沸騰したら火を止めます。

9
7が焼き上がったら、すぐにナパージュをぬります。

パンデピスが熱いうちに熱いナパージュをぬると、ジャムが乾いてベタベタしません。

10
型からはずしてオーブンシートをはがします。5で取り除いたスパイスを飾り、網の上で冷まします。

密閉容器に入れて、常温で2週間ほど日持ちします。

Pain d'épices au chocolat

Kouglof au chocolat
|クグロフ オ ショコラ|

PREPARATION 準備　　直径11.5cm クグロフ型　2台分

クグロフ型 （直径11.5cm）2台	チョコレート 75g	無塩バター 75g	粉砂糖 75g	卵黄 Lサイズ3個	メレンゲ用 卵白 Lサイズ1個

型に無塩バター（分量外）をうすくぬり、強力粉をはたいておきます。使うまで冷蔵庫で冷やしておきます。

板チョコの場合は粗く刻んでボウルに入れておきます。

ボウルに入れて、常温にもどしておきます。
（P77）

ボウルに入れて、冷蔵庫で冷やしておきます。

メレンゲ用 粉砂糖 10g	薄力粉 100g	ココア 10g	クルミ 50g	レーズン 60g ＋ラム酒 大さじ1	コーティングチョコレート 50g	ピスタチオ 5g

キッチンペーパーを敷いた天板にのせて170℃にあたためたオーブンで7分空焼きをします。適当な大きさに砕いておきます。

レーズンにラム酒をまぶしておきます。

細かく刻んでおきます。

Kouglof au chocolat

Kouglof au chocolat | クグロフオショコラ |

1

🔲 オーブンを170℃に予熱します。
チョコレートは60℃くらいの湯にあてて溶かします。

熱湯で溶かすとチョコレートが分離したり、固まったりします。お湯の温度に気をつけます。

2

🥄 P77を参考に無塩バターを常温にもどし、粉砂糖をふるい入れてすり混ぜます。

3

2に1と卵黄を加えて混ぜ合わせます。

4

メレンゲをつくります。
卵白のボウルに粉砂糖の1/4を入れ、ハンドミキサー低速にかけます。全体が白っぽくなったら、中速に上げます。

5

全体のキメが細かくなったら、残りの粉砂糖を2回に分けて加えます。羽を持ち上げたとき、根元はしっかりしていて先が少し垂れるくらいになれば出来上がりです。

6
3に5の1/3を入れ、ゴムベラでよく混ぜ合わせます。

7
薄力粉、ココアを合わせてふるい入れ、クルミ、レーズン+ラム酒を加えて粉気がなくなるまで混ぜ合わせます。残りの5を加え、泡がつぶれないように混ぜ合わせます。

8
クグロフ型に流し、170℃のオーブン（2段の場合は下段）で45分焼きます。

9
焼き上がったら型の側面と底をトントンたたき、型からはずします。表面にラム酒（分量外）をハケでぬります。

10
コーティングチョコレートは60℃くらいの湯にあてて溶かします。9が冷めたら、コーティングチョコレートを上からかけ、ピスタチオを散らします。

密閉容器に入れて、常温で2週間ほど日持ちします。

Kouglof au chocolat

Kirsch schnitten
{キルシュ シュニッテン}

PREPARATION 準備

32.5cm×27.5cm　天板1枚分

		スポンジ用			
天板 (32.5cm×27.5cm) 1枚	卵 Lサイズ3個	グラニュー糖 100g	薄力粉 40g	ココア 20g	牛乳 20ml

オーブンシートの両端を立ち上げて、天板に敷いておきます。

ボウルに入れて溶きほぐしておきます。

サワーチェリー 200g	グラニュー糖 10g	サワーチェリーのシロップ 30g	生クリーム 200g	生クリーム用 グラニュー糖 30g

瓶詰めや缶詰のシロップ漬けを使います。小鍋に入れておきます。

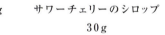
瓶詰めや缶詰のサワーチェリーシロップ漬けのシロップをとっておきます。

ボウルに入れておきます。乳脂肪分45〜47%のものを使用します。なければ35%のものでもよいです。

Kirsch schnitten

Kirsch schnitten |キルシュ シュニッテン|

1

🔥 オーブンを170℃に予熱します。
スポンジをつくります。
卵のボウルにグラニュー糖を加えて、ざっと混ぜ合わせます。

2

沸騰した湯にあてて、ハンドミキサー低速で混ぜます。指を入れて人肌くらいの温度になったら湯からはずします。

3

牛乳を2で使用した湯にあてておきます。

4

2をハンドミキサー高速で、混ぜ続けます。

5

生地を落として積もり、2〜3秒してから消えるくらいまで泡立てます。

6

薄力粉とココアを合わせて10回くらいに分けて、ふるい入れては混ぜるをくり返します。

7

すべてふるい入れたら、ゴムベラで下からすくい上げるようにして、粉気がなくなるまで混ぜ合わせます。

8

3の牛乳を湯からはずし、ゴムベラにあてながら**7**に加えて混ぜ合わせます。

9

天板に流し入れ、平らにならします。170℃のオーブン（2段の場合は上段）で17分焼きます。

10

焼き上がったら天板からはずし、平らな場所におきます。側面のオーブンシートだけはがして冷まします。

Kirsch schnitten

Kirsch schnitten |キルシュ シュニッテン|

11
サワーチェリーの小鍋にグラニュー糖、サワーチェリーのシロップを入れます。中火にかけてひと煮立ちしたら、火を止めて冷ましておきます。

12
11をこして、サワーチェリーとシロップに分けておきます。

13
生クリームにグラニュー糖を入れ、氷水にあてて9分立てにします。

14
10のスポンジが冷めたら、乾いた布巾をかぶせて裏返し、オーブンシートをはがします。大きめのラップをかぶせ、もう1度裏返します。

15
巻き始めにナイフで3本軽く筋を入れます。

スポンジの下までカットしないように気をつけます。

16
12のシロップをハケで全体にぬります。

17
13をのせます。

18
左右2cm、巻き終わりを3cmほど残して、のばします。

19
12のサワーチェリーを散らします。

20
ラップを持って、手前から巻きます。冷蔵庫で1時間冷やします。

冷蔵庫で2日間ほど日持ちします。

Kirsch schnitten

Decorated cake 〔デコレーションケーキ〕

PREPARATION 準備　　32.5cm×27.5cm　天板1枚分

	チョコレートクリーム用			
スポンジ生地 1枚	チョコレート 100g	生クリーム 200ml	グラニュー糖15g+水30ml	いちご 30〜40粒

P116のスポンジ生地をつくります。　　板チョコの場合は粗く刻んでボウルに入れておきます。　　ボウルに入れておきます。　　シロップをつくります。　　いちごは洗わず、キッチンペーパーでよくふいて、半分にカットしておきます。

シロップのつくり方

シロップをぬると、スポンジ生地とクリームがなじんで、より美味しくなります。

小鍋に水とグラニュー糖を入れます。　　中火にかけて、沸騰してグラニュー糖が溶けたら出来上がり。　　器に移し、冷ましておきます。

Decorated cake

Decorated cake |デコレーションケーキ|

1

チョコレートクリームをつくります。
チョコレートは60℃くらいの湯にあてて溶かします。

熱湯で溶かすとチョコレートが分離したり、固まったりします。お湯の温度に気をつけます。

2

生クリームを氷水にあてて5分立てにします。

3

2の半量を、湯せんをしたままのチョコレートに加えてよく混ぜ合わせます。

4

3を湯せんからはずして、残りの2を加えてよく混ぜ合わせます。

5

スポンジ生地を4等分にカットします。

6
一番下になるスポンジを皿にのせ、シロップを全体にぬります。

7
4のチョコレートクリームの1/8をうすくぬります。

8
いちごをのせます。いちごを覆うようにチョコレートクリームの1/8をぬります。

9
スポンジにシロップをぬって、8にかぶせます。

10
7〜9を2回繰り返し、いちごを飾ります。

Wrapping ラッピングについて

Wrapping paper
|包装紙|

無地の箱でも素敵な包装紙を帯のようにかけるだけで、オリジナルのラッピングができます。お菓子の種類や差しあげる方のイメージで包装紙を選ぶのも楽しいです。きれいな紙があったら取っておきましょう。

Label seal
|ラベルシール|

ラベルシールにお菓子の名前やメッセージを書いてラッピングに貼るのもおすすめです。マスキングテープタイプやレトロなデザインのものもあります。紙袋に貼ってもおしゃれな仕上がりになります。

Carton
|台紙|

ケーキの下に敷く台紙です。通常はショートケーキなどの生ケーキを持ち運ぶ際に使用しますが、焼き菓子にも便利です。台紙の上に焼き菓子をのせてビニール袋で包めば豪華なラッピングになります。

Desiccant
|乾燥剤|

クッキーやビスコッティなど湿気やすいお菓子の保存に使います。湿度の高い季節には、乾燥剤を使うことで日持ちが良くなります。うすいシート状の乾燥剤はラッピングの際も邪魔になりません。

Deoxidizer
|脱酸素剤|

脱酸素材は酸素を吸収し、食品の酸化を防止して、鮮度と風味を保ちます。パウンドケーキやマドレーヌなどの焼き菓子を長期保存したいときに使います。脱酸素材対応の袋を使用するとより効果的です。

Ornament
|オーナメント・飾り|

贈る時期にあった飾りをつけると季節感のある贈り物になります。オーナメントはリースのパーツなどを扱っているお店で購入できます。サイズも多種そろっているので、組み合わせて使うと良いでしょう。

Muffin cup
｛マフィンカップ｝

マフィン型に入れて使用する、紙製のマフィンカップです。マフィンをつくるときだけでなく、小さなお菓子を小分けにラッピングするのにも便利です。ビニール袋に入れてリボンをかければ、プチギフトにもぴったり。

Truffle box
｛トリュフボックス｝

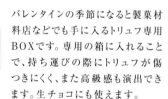

バレンタインの季節になると製菓材料店などでも手に入るトリュフ専用BOXです。専用の箱に入れることで、持ち運びの際にトリュフが傷つきにくく、また高級感も演出できます。生チョコにも使えます。

Wax paper
｛ワックスペーパー｝

ロウをしみ込ませ、油がしみにくいように加工した食品用のラッピングペーパーです。最近はいろいろなデザインのものがそろっているので、さっと巻くだけでおしゃれな演出ができます。

Wool
｛毛糸｝

寒い季節に贈るお菓子にはリボンの替わりに毛糸を使うのもおすすめです。ふわふわとやさしい手触りから、手づくりのあたたかさが伝わります。クリスマスプレゼントのラッピングにも最適です。

Glassine case
｛グラシンケース｝

トリュフや生チョコを入れる、グラシン紙でできた容器です。耐油性・耐水性にすぐれ、チョコレートがくっつきにくく、きれいに保存できます。手づくりのトリュフもショコラティエみたいな仕上がりになります。

Clip sealer
｛クリップシーラー｝

ビニール製の袋をラッピングするときに便利なクリップ式の家庭用シーラー。ビニールの口をはさむだけで、密閉できるので、乾燥剤や脱酸素材の効きも良くなります。

Wrapping

おわりに

お菓子教室のレッスンを受けているようなレシピブックがあったら……。
そんな想いで手掛けたのが1冊目の『やさしいお菓子』。続編の『やさしいチョコレートのお菓子』は、その製作中に考えたものです。
毎年バレンタインデーの頃になると、心温まる素敵なエピソードを耳にします。娘さんと奥さんが一緒にチョコレートケーキをつくってくれたと嬉しそうに話すお父さん。手づくりのチョコクッキーをかわいくラッピングして、ドキドキしながら大好きな人に贈ったという女の子。チョコレートのお菓子には、ひときわ幸せな気持ちが詰まっているような気がします。
このレシピブックが、人から人へ気持ちを届ける、そんなお菓子づくりに役立てば嬉しく思います。
そして、今回も一緒に私の想いを本にしてくださった製作チームに大きな感謝を申し上げます。

2015年11月

un pur...
Yukiko Iizuka

やさしいチョコレートのお菓子
すべての手順が写真でわかる10枚レシピ

2015年11月25日　初版第1刷発行
2016年 2月 5日　　　　第2刷発行

著者	飯塚有紀子
デザイン	飯塚有紀子
写真	宮濱祐美子
写真協力	山本尚意
企画・コーディネート	長井史枝
編集	髙須香織
料理アシスタント	吉原桃子
発行者	柳谷行宏
発行所	雷鳥社

〒167-0043　東京都杉並区上荻2-4-12
TEL 03-5303-9766　FAX 03-5303-9567
HP http://www.raichosha.co.jp/
E-mail info@raichosha.co.jp
郵便振替 00110-9-97086

印刷・製本　シナノ印刷株式会社
材料協力　クオカ TEL 0120-863-639
　　　　　http://www.cuoca.com

定価はカバーに表示してあります。
本書の写真、イラストおよび記事の無断転写・複写をお断りいたします。
著者権者、出版者の権利侵害となります。
万一、乱丁・落丁がありました場合はお取り替えいたします。

©Yukiko Iizuka / Raichosha 2015 Printed in Japan.
ISBN 978-4-8441-3690-3 C0077